INVENTAIRE Ye 17,817

CHANSONNIER

NATIONAL ET LYRIQUE

CHOIX

DE CHANSONS PATRIOTIQUES

et

DE ROMANCES LES PLUS NOUVELLES.

CARPENTRAS.
L. DEVILLARIO, Imprimeur-Libr.

CHANSONNIER

NATIONAL ET LYRIQUE

CHOIX

DE CHANSONS PATRIOTIQUES

ET DE ROMANCES LES PLUS NOUVELLES.

CARPENTRAS.
L. DEVILLARIO, Imprimeur-Libraire.
1842.

LA VIVANDIÈRE.

Vivandière du régiment,
C'est Catin qu'on me nomme.
Je vends, je donne et bois gaiment,
Mon vin et mon rogomme.
J'ai le pied leste et l'œil mutin,
Tintin, tintin, tintin; r'lin, tintin :
J'ai le pied leste et l'œil mutin :.
Soldats, voilà Catin !

Je fus chère à tous nos héros,
Hélas ! combien j'en pleure !
Aussi soldats et généraux
Me comblaient à toute heure
D'amour, de gloire et de butin,
Tintin, tintin, tintin, r'lin tintin,
D'amour, de gloire et de butin :
Soldats, voilà Catin !

J'ai pris part à tous vos exploits,
En vous versant à boire,
Songez combien j'ai fait de fois
Rafraichir la Victoire ;
Ça grossissait son bulletin

Tintin, tintin, tintin, r'lin tintin,
Ça grossissait son bulletin :
　Soldats, voilà Catin !

Depuis les Alpes, je vous sers :
Je me mis jeune en route,
A quatorze ans, dans les déserts,
Je vous portais la goutte ;
Puis j'entrai dans Vienne un matin,
Tintin, tintin, tintin, r'lin, tintin,
Puis j'entrai dans Vienne un matin :
　Soldats, voilà Catin !

De mon commerce et des amours,
C'était le temps prospère,
A Rome je passai huit jours,
Et de notre Saint-Père
Je fis boire le sacristain.
Tintin, tintin, tintin, r'lin, tintin,
Je fis boire le sacristain,
　Soldats voilà Catin !

J'ai fait plus que maint duc et pair
Pour mon pays que j'aime,
A Madrid, si j'ai vendu cher,
Et cher à Moscou même,
J'ai donné gratis à Pantin :

Tintin, tintin, tintin, r'lin, tintin,
J'ai donné gratis à Pantin :
　Soldats, voilà Catin !

　Quand au nombre il fallut céder
La victoire infidèle,
Que n'avais-je pour vous guider
Ce qu'avait la Pucelle !
L'anglais aurait fui son butin,
Tintin, tintin, tintin, r'lin, tintin,
L'anglais aurait fui son butin :
　Soldats, voilà Catin !

　Si je vois de nos vieux guerriers,
Palis par la souffrance,
Qui n'ont plus, malgré leurs lauriers
De quoi boire à la France,
Je refleuris encor leur teint :
Tintin, tintin, tintin, r'lin, tintin ;
Je refleuris encor leur teint :
　Soldats, voilà Catin !

　Mais nos ennemis, gorgés d'or,
Paieront encor à boire,
Oui, pour nous doit briller encor
Le jour de la victoire.
J'en serai le réveil matin,

Tintin, tintin, tintin, r'lin, tintin,
J'en serai le réveil matin:
Soldats, voilà Catin!

LA GRAND'MÈRE.

On parlera de sa gloire
Sous le chaume bien long-temps;
L'humble toit dans cinquante ans
Ne connaîtra pas d'autre histoire.
Là viendront les villageois,
Dire alors à quelque vieille,
Par des récits d'autrefois :
Mère, abrégez notre veille.
Bien, dit-on, qu'il nous ait nui,
Le peuple encor le révère,
  Oui le révère.
Parlez-nous de lui, grand'mère,
  Parlez-nous de lui. *(bis.)*

Mes enfants, dans ce village,
Suivi des rois il passa,
Il y a bien long-temps de çà,
Je venais d'entrer en ménage.
A pied grimpant les coteaux,
Où pour voir je m'étais mise,
Il avait petit chapeau,

Avec rédingote grise.
Près de lui je me troublai :
Il me dit : Bonjour, ma chère.
 Bonjour, ma chère.
 Il vous a parlé, grand'mère !
  Il vous a parlé ! *(bis.)*

L'an d'après, moi pauvre femme,
A Paris étant un jour,
Je le vis avec sa cour ;
Il se rendait à Notre-Dame.
Tous les cœurs étaient contens ;
On admirait son cortége,
Chacun disait : Quel beau temps !
Le ciel toujours le protège.
Son sourire était bien doux :
D'un fils Dieu le rendait père,
 Le rendait père.
 Quel beau jour pour vous, grand'mère !
  Quel beau jour pour vous ! *(bis.)*

Mais quand la pauvre Champagne
Fut en proie aux étrangers ;
Lui, bravant tous les dangers,
Semblait seul tenir campagne.
Un soir, tout comme aujourd'hui,
J'entends frapper à la porte
J'ouvre, bon Dieu ! c'était lui :

Suivi d'une faible escorte.
Il s'asseoit où me voilà,
S'écriant : Oh ! quelle guerre !
　　Oh ! quelle guerre !
　Il s'est assis là, grand'mère !
　　Il s'est assis là !　　　　(bis.)
J'ai faim, dit-il, et bien vîte
Je sers piquette et pain bis.
Puis il sèche ses habits :
Même à dormir le feu l'invite.
Au réveil, voyant mes pleurs ;
Il me dit : Bonne espérance !
je cours de tous ses malheurs
De Paris venger la France.
Il part ; et comme un trésor
J'ai depuis gardé son verre,
　　Gardé son verre.
　Vous l'avez encor, grand'mère !
　Vous l'avez encor !　　　　(bis.)
Le voici. Mais à sa perte
Le héros fut entraîné,
Lui, qu'un pape a couronné,
Est mort dans une île déserte.
Long-temps aucun ne l'a cru ;
On disait : Il va paraître.
Par mer il est accouru ;

L'étranger va voir son maître.
Quand d'erreur on nous tira,
Ma douleur fut bien amère.
   Fut bien amère.
Dieu vous bénira, grand'mère !
   Dieu vous bénira !   (bis.)

MUSIQUE ET BON VIN.

De mille façons différentes,
L'on s'amuse et l'on peut jouir,
Les amans près de leurs amantes
Goûtent le souverain plaisir.
L'avare chérit sa cassette,
Le gastronome un bon festin,
Et moi je n'aime point de fête
Sans musique et sans vin.
   Enfant de la douce harmonie,
Partisan du nectar des Dieux,
Vous qui de la mélancolie
N'atteignez point les bords affreux
Dans cette agréable folie
Avec moi chantez ce refrain :
Peut-on être heureux dans la vie,
Sans musique et sans vin.

Le Français chante la victoire,
Il chante Bacchus et l'amour,
Des héros il chante la gloire,
De sa belle le doux contour.
Par nos chants égayons la vie
Et répétons jusqu'à la fin :
Il n'est point de fête accomplie
Sans musique et sans vin.

COMPLAINTE DE ZAMPA.

D'une haute naissance,
Belle comme à seize ans,
Alice dans Florence,
Charmait tous les amans :
A seize ans, comment faire
Pour défendre son cœur ?
Un seul parvint à me plaire
Mais c'était un trompeur,
D'un pareil maléfice,
Saint-Alice préservez-nous,
Nous prierons Dieu pour vous.

Trompant sa confiance,
Le traître avant l'hymen,
Lui ravit l'innocence,

Puis, disparaît soudain.
Il reviendra, dit-elle,
Mais, ô funeste erreur !
jamais près de sa belle
Ne revint le trompeur.
 D'un pareil, etc.
 Sur ce triste rivage,
Alice vint mourir,
Et cette froide image
La nuit semble gémir.
Quand la nuit, on l'assure,
Le vent gronde en fureur,
Ce marbre encor murmure
Et nomme le trompeur.
D'un pareil maléfice,
Saint-Alice, préservez-nous,
Nous prierons Dieu pour vous.

PETITE FLEUR DES BOIS.

Petite fleur des bois,
Toujours, toujours cachée,
Long-temps je t'ai cherchée,
Dans les prés, dans les bois,
Pour te dire une fois :

Ce mot, ce mot suprême!
Oh! je t'aime, je t'aime!
Petite fleur des bois,
je t'aime; je t'aime, } *bis.*
Petite fleur des bois.

Ta naïve beauté
N'offre rien de frivole,
De ta blanche corolle
Tombe la volupté;
Coupe chaste et divine
Où ma lèvre s'incline,
Sans trouver ces douleurs } *bis.*
Qui font verser des pleurs.

    Petite fleur, etc.

Tout forme nos liens,
Dans un rayon de flamme,
Je te verse mon âme
Tes plaisirs sont les miens!
J'aime l'oiseau qui chante,
L'onde rafraîchissante,
La mouche aux ailes d'or } *bis.*
Reprenant son essor;

    Petite fleur, etc.

Celle qui sait charmer
Porte un nom qu'on adore
Le tien, elle l'honore !
Comment ne pas t'aimer ?
Te chercher dans l'absence ?
T'apporter ma souffrance ?
Te dire sois à moi !
Et m'enivrer de toi !
  Petite fleur, etc.

LA BELLE PROVENÇALE.

Va, ne sois point jalouse
De la belle Andalouse,
Elle est moins bien que toi ;
Il n'est pas une fille
A Cadix, à Séville,
Qui te vaille, ma foi.

Dis-moi si jamais mains plus blanches
Ont tressé de plus noirs cheveux,
Dis-moi si de plus belles hanches
Ont porté corps plus gracieux,
Et ce pied, cette jambe fine,
Tous ces harmonieux contours,
Et cette bouche purpurine,

Qui semble le nid des amours.
    Va, etc.

Dis-moi si le soleil qui brille
Dans l'océan de tes beaux yeux,
Réserve aux filles de Castille
Ses baisers les plus amoureux.
Dis-moi si l'air de tes montagnes
Est moins enivrant et moins pur,
Si moins vertes sont les campagnes
Et si ton ciel a moins d'azur.
    Va, etc.

Dis-moi, fille de la provence,
Si ta joue a moins d'incarnat,
Si ta taille a moins d'élégance
Et si ton œil a moins d'éclat?
Va, bel ange de la nature
Tout d'amour et de volupté,
A toi, céleste créature,
La pomme d'or de la beauté.
    Va, etc.

MATHILDE.

Que Mathilde est jolie,
Je la vis quelques jours,
Et pour elle j'oublie

Mes premières amours.

Sur un coursier rebelle
Je la vis s'avancer
A cheval qu'elle est belle !
Si belle , si belle ,
Qu'on devient infidèle
En la voyant passer.

Au bal je l'ai revue ,
Le front paré de fleurs,
Et sa grâce ingénue
Attire tous les cœurs.
Là , comme une gazelle,
Je la vis s'élancer ?
Au bal, ah ! qu'elle est belle ?
Si belle , si belle ,
Qu'on devient infidèle
En la voyant valser ?

A l'autel de Marie,
Je la vis à genoux ,
Et de Dieu qu'elle prie
je me sentis jaloux.
Sur la pierre auprès d'elle
je vins m'humilier.
A genoux qu'elle est belle
Si belle , si belle ,

Qu'on devient infidèle
En la voyant prier.

Mais ce n'est rien encore,
Ses suaves accents
De la voix que j'adore,
Ont enivré mes sens :
Sa voix brille, étincelle,
On ne peut resister.
Dieu, que sa voix est belle !
Si belle, si belle,
Qu'on devient infidèle
En l'entendant chanter.

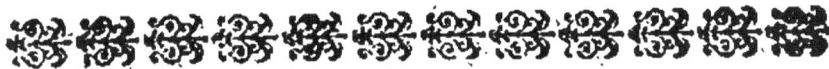

L'ANGE ET L'ENFANT.

Un ange au radieux visage,
Penché sur le bord d'un berceau,
Semblait contempler son image,
Comme dans l'ombre d'un ruisseau.
Charmant enfant, qui me ressembles !
Disait-il, oh ! viens avec moi !...
Viens, nous serons heureux ensemble. *bis.*
La terre est indigne de toi ! *bis.*

La crainte est de toutes les fêtes :
Jamais un jour calme et serein

Du choc ténébreux des tempêtes
N'a garanti le lendemain.
Eh quoi ! les chagrins, les alarmes
Viendraient troubler ce front si pur?
Et dans l'amertume des larmes
Se terniraient ces yeux d'azur ?

Que personne dans ta demeure
N'obscurcisse ses vêtemens:
Qu'on recueille ta dernière heure
Ainsi que tes premiers momens!
Que les fronts soient sans nuage,
Que rien n'y révèle un tombeau !
Quand on est pur comme à ton âge,
Le dernier jour est le plus beau....

Mais viens dans les champs de l'espace
Avec moi tu vas t'envoler :
La providence te fait grâce
Des jours que tu devais couler.
Puis déployant ses blanches aîles,
L'ange à ces mots a pris l'essor
Vers les demeures éternelles :
mère, ton fils est mort.

BALLADE DE ROBERT LE DIABLE.

Jadis régnait en Normandie
Un prince noble et valeureux,
Sa fille Berthe la jolie
Dédaignait tous les amoureux;
Quand vint à la cour de son père
Un guerrier, un prince inconnu,
Et Berthe, jusqu'alors si fière,
D'amour sentit son cœur ému.
  Son cœur ému.
Funeste erreur *(bis)* fatal délire,
Car ce guerrier *(bis)* était, dit-on,
Un habitant *(bis)* du sombre empire.
Foi de Normand, c'est un démon.
C'est un démon, un vrai démon. *(bis.)*
C'était le favori fidèle
De satan, le roi des enfers;
Il tient sous sa garde éternelle
Tous les trésors de l'univers.
Ainsi bientôt par sa richesse
Berthe et son père sont séduits,
Et dans l'église de sainte Adresse
En grande pompe ils sont unis.

Ils sont unis.
Funeste erreur, etc.
De cet hymen épouvantable
Vint un fils, l'effroi du canton,
Robert, Robert le fils du diable
Dont il portait déjà le nom,
Semant le deuil dans les familles,
Semant le deuil en champ clos,
Il bat les maris, enlève les filles,
   Enlève les filles,
 Et s'il paraît dans ce canton,
Fuyez alors, fuyez, fuyez jeunes bergères,
Car c'est Robert, fuyez, car c'est Robert;
   Il a, dit-on,
Les traits et le cœur de son père,
Et comme lui *(bis)* c'est un démon,
C'est un démon, c'et un démon. *(bis.)*

LE CHALET.

Dans ce modeste et simple asile,
Nul ne peut commander que moi.
Je suis libre, heureuse et tranquille,
Je puis courir partout je crois,
Sans qu'un mari gronde après moi ;

Oui, si quelque amoureux
　　Soupçonneux,
　Veut faire les gros yeux,
　　Moi j'en ris,
　　Et lui dis:
　Liberté chérie,
　Seul bien de la vie,
　Liberté chérie,
　Règne toujours là,
Tra la la la, tra tra la la la,
Tant pis pour qui s'en fâchera!
J'irai, quand je suis ma maîtresse,
Me donner un maître!... oui-da!
Pour qu'à la danse où l'on s'empresse
Quand un galant m'invitera,
Mon mari dise: reste-là!
　Un époux en fureur
　　Me fait peur,
　C'est alors que mon cœur
　　Ne dirait
　　Qu'en secret:
　Liberté chérie,
　Seul bien de la vie,
　Liberté chérie,
　Règne toujours là !
Tra la la la, tra la la la.
Tant pis pour qui s'en fâchera.

LA MERE AVEUGLE.

Air : *Une fille est un oiseau.*

Tout en filant votre lin,
Ecoutez-moi bien, ma fille.
Déjà votre cœur sautille
Au nom du jeune Colin.
Craignez ce qu'il vous conseille ;
Quoique aveugle, je surveille ;
A tout je prête l'oreille,
Et vous soupirez tout bas.
Votre Colin n'est qu'un traître...
Mais vous ouvrez la fenêtre...
'Lise, vous ne filez pas.   *(ter.)*

Il fait trop chaud, dites-vous ;
Mais par la fenêtre ouverte,
A Colin, toujours alerte,
Ne faites pas les yeux doux.
Vous vous plaignez que je gronde ;
Hélas ! je fus jeune et blonde :
Je sais combien dans ce monde
On peut faire de faux pas.
L'amour trop souvent l'emporte

Mais quelqu'un est à la porte ;
Lise, vous ne filez pas.

C'est le vent, me dites-vous,
Qui fait crier la serrure ;
Et mon vieux chien qui murmure
Gagne à cela de bons coups.
Oui, fiez-vous à mon âge ;
Colin deviendra volage ;
Craignez, si vous n'êtes sage,
De pleurer sur vos appas...
Grand Dieu ! que viens-je d'entendre?
C'est le bruit d'un baiser tendre ;
Lise, vous ne filez pas.

C'est votre oiseau, dites-vous,
C'est votre oiseau qui vous baise;
Dites-lui donc qu'il se taise,
Et redoute mon courroux.
Ah ! d'une folle conduite
Le déshonneur est la suite :
L'amant qui vous a séduite
En rit même entre vos bras.
Que la prudence vous sauve,
Mais vous allez vers l'alcove :
Lise, vous ne filez pas.

C'est pour dormir, dites-vous.

Quoi ! me jouer de la sorte !
Colin est ici, qu'il sorte
Ou devienne votre époux.
En attendant qu'à l'église
Le séducteur vous conduise,
Filez, filez, filez, Lise.
Près de moi, sans faire un pas.
En vain votre lin s'embrouille ;
Avec une autre quenouille,
Non, vous ne filerez pas.

MARENGO.

Toi dont le front trahit les cicatrices,
Bon voyageur, arrête ici tes pas ;
Quel âge as-tu... J'ai trente ans de service,
Et dès quinze ans je volais aux combats.
Es-tu Français ? je vais porter en Grèce,
Le noble fer qu'ébrécha Waterloo.
Sais-tu quel sol ton pied foule et caresse,
Incline-toi, c'est ici Marengo.   (bis.)

N'est-ce pas là, qu'un jour l'aigle superbe,
Foulant aux pieds le pacte de nos droits,
Leva son front long-temps caché sous l'herbe,
Et le ceignit du bandeau de nos rois.

Mais pour mourir sur les bords de la Loire,
Pourquoi quitter les rivages du Pô ;
Ici du moins tout retrace sa gloire :
Incline-toi, c'est ici Marengo.

Incline-toi, jamais champ de bataille,
Depuis mille ans ne l'a mieux mérité;
Là nos soldats, criblés par la mitraille,
Tombaient au cri : vive la liberté.
D'un or vénal jamais leur main flétrie
N'a marchandé le prix de leur tombeau ;
Ils sont tous morts, oui, morts pour la patrie;
Incline-toi, c'est ici Marengo.

LE CULTE DU BUVEUR.

Aussitôt que la lumière
Vient redorer nos côteaux,
Je commence ma carrière
Par visiter mes tonneaux :
Ravi de revoir l'aurore,
Le verre en main, je me dis :
Voit-on sur la rive maure,
Plus qu'en mon nez de rubis.

Le plus grand roi de la terre,
Quand je suis dans un repas,

S'il me déclarait la guerre,
Ne m'épouvanterait pas :
A table rien ne m'étonne,
Et je pense, quand je bois:
Si là-haut Jupiter tonne,
C'est qu'il a grand'peur de moi.

Si quelque jour, étant ivre,
La mort arrêtait mes pas,
Je ne voudrais pas revivre
Pour changer ce doux trépas ;
Je m'en irais dans l'Averne
Faire enivrer Alecton,
Et bâtir une taverne
Dans le manoir de Pluton.

Par ce nectar délectable,
Le démon étant vaincu,
Je ferais chanter au diable
Les louanges de Bacchus !
J'apaiserais de Tantale
La grande altération,
Et, passant l'onde infernale,
Je ferais boire Ixion.

Au bout de la quarantaine,
Cent ivrognes m'ont promis
De venir, la tasse pleine,
Au gîte où l'on m'aura mis;

Pour me faire une hécatombe
Qui signale mon destin,
Ils arroseront ma tombe
De plus de cent brocs de vin.

De marbre ni de porphyre,
Qu'on ne fasse mon tombeau ;
je ne veux jamais élire
Que le contour d'un tonneau ;
Et veux qu'on peigne ma trogne
Avec ces vers à l'entour:
« Ci-gît le plus grand ivrogne
« Qui jamais ait vu le jour. »

LE FARCEUR.

CHANSONNETTE.

Air : *Du vaudeville du Dîner de garçon.*

Mon cousin est un grand farceur,
Ses manières sont bien aimables,
Les niches, voilà son bonheur ;
Il en fait de bien agréables.
Quand il va dans une maison,
Afin de mieux jouer son rôle,

D'abord il a l'air d'un Caton,
Mais dès qu'il fait le polisson...
Mon Dieu! que mon cousin est drôle! *bis.*

Hier il dînait chez papa,
Il était d'une humeur charmante ;
A peine assis, il renversa
Tout son potage sur ma tante ;
Puis, comme il voulait parier
De ne plus faire cette école,
Zeste, en prenant le saladier,
Sur maman il jeta l'huillier...
Mon Dieu! que mon cousin est drôle!

Quand il imite un animal,
Ah! c'est alors qu'il faut l'entendre!
Il fait tout : âne, chien, cheval,
Et c'est vraiment à s'y méprendre.
L'autre soir, d'un grand sérieux,
Tout à coup voilà qu'il miaule ;
Notre chat devint furieux,
Et voulut lui sauter aux yeux...
Mon Dieu! que mon cousin est drôle!

Maman élevait un serin
Dont on admirait le ramage,
Il gazouillait soir et matin
Dès qu'on approchait de sa cage.

Un jour, le prend, il le cajole,
Et lui fait tant faire le mort,
Que notre oiseau le fait encor....
Mon Dieu! que mon cousin est drôle!

C'est au bal qu'il s'en donne bien:
Il ne va jamais en mesure ;
Pourtant il trouve le moyen
De déranger chaque figure ;
Allongeant sa jambe, au moment
Où l'on fait une cabriole,
Grâce à lui, ma sœur en tombant,
Se casse deux dents de devant :
Mon Dieu! que mon cousin est drôle!

A MON CIGARRE.

Du soleil brûlant des antilles,
Toi que murirent les ardeurs :
Toi, la terreur des jeunes filles,
Viens bannir mes tristes langueurs.
De mon briquet a jailli l'étincelle
Je sens déjà ton parfum précieux ;
De mes ennuis, ô compagnon fidèle,
Exale-toi lentement vers les cieux.

Quand je vois ta vapeur chérie
Tourbillonner si mollement,
Pour moi le flambeau de la vie
Semble s'user plus doucement.
Fougueux amour, ton angoisse éternelle
N'est plus alors qu'un songe gracieux ;
De mes ennuis, ô compagnon fidèle,
Exale-toi lentement vers les cieux.

La négresse, pauvre captive,
D'un doigt esclave te forma :
Et chantant d'une voix plaintive,
A son destin s'abandonna :
Mais pour l'enfant que nourrit sa mamelle
Au dieu vengeur elle adressa des vœux :
De mes ennuis, ô compagnon fidèle,
En t'exalant, porte-les vers les cieux.

A ton aspect qui l'effarouche,
L'amour s'éloigne en frémissant.
Je fus housard ; alors ma bouche
Te pressait d'un poil brunissant ;
A mes désirs la beauté moins rebelle
Te savourait comme un présent des dieux
De mes ennuis, ô compagnon fidèle !
Exale-toi lentement vers les cieux.

Aux bivouacs de la grande armée
La victoire aimait à s'asseoir :

Tu mêlais ta douce fumée
Aux chants qui la fêtaient le soir.
Oui, je revois la phalange immortelle,
J'entends encor les accents glorieux :
De mes ennuis, ô compagnon fidèle,
Exhale-toi lentement vers les cieux.

Myrte d'amour, palme guerrière
Ne saurait pour moi reverdir ;
Tout passe, et déjà ta poussière
Se dissipe au gré du zéphir.
Mais l'amitié, cette jeune immortelle,
Sourit encor au calumet joyeux :
De mes ennuis, ô compagnon fidèle,
Exale-toi lentement vers les cieux,

L'ORAGE.

Air: *Il pleut, il pleut, bergère.*

Lise, entends-tu l'orage ?
Il gronde, l'air gémit...
Sauvons-nous au bocage.
Lise doute, et frémit...
Qu'un cœur faible est à plaindre
Dans ce double danger...!

C'est trop d'avoir à craindre
L'orage et son berger.

Mais cependant la foudre
Redouble ses éclats :
Que faire et que résoudre ?
Faut-il donc suivre Hylas !
De frayeur Lise atteinte
Va, vient, fuit tour à tour :
On fait un pas par crainte,
Un autre par amour.

Lise au bosquet s'arrête,
Et n'ose y pénétrer :
Un coup de la tempête
Enfin l'y fait entrer.
La foudre au loin s'égare ;
On échappe à ses traits ;
Mais ceux qu'Amour prépare
Ne vous manquent jamais.

Ce dieu pendant l'orage
Profite des momens :
Caché dans le nuage
Son œil suit les amans.
Lise, de son asile
Sortit d'un air confus ;
Le ciel devint tranquille ;
Son cœur ne l'était plus.

LA MARSEILLAISE.

Chant patriotique et national.

Allons, enfans de la patrie,
Le jour de gloire est arrivé :
Contre nous de la tyrannie
L'étendard sanglant est levé. *(bis.)*
Entendez-vous dans les campagnes
Mugir ces féroces soldats !
Ils viennent jusque dans vos bras
Egorger vos fils, et vos compagnes,
Aux armes, citoyens, formez vos bataillons;
Marchons,
Marchons,
Qu'un sang impur abreuve nos sillons.

Que veut cette horde d'esclaves,
De traîtres, de rois conjurés ?
Pour qui ces ignobles entraves,
Ces fers dès long-temps préparés *bis.*
Français, pour nous, ah quel outrage!
Quels tramports il doit exciter!

C'est nous qu'on ose méditer
De rendre à l'antique esclavage !

Aux armes, citoyens, formez vos bataillons ;
Marchons,
Marchons,
Qu'un sang impur abreuve nos sillons.

Quoi ! des cohortes étrangères
Feraient la loi dans nos foyers !
Quoi ! ces phalanges mercenaires
Terrasseraient nos fiers guerriers ! *(bis)*
Grand Dieu ! par des mains enchainées
Nos fronts sous le joug se ploieraient,
De vils despotes deviendraient
Les maitres de nos destinées !

Aux armes, citoyens, formez vos bataillons ;
Marchons,
Marchons,
Qu'un sang impur abreuve nos sillons.

Tremblez, tyrans, et vous perfides,
L'opprobre de tous les partis ;
Tremblez ! vos projets parricides
Vont enfin recevoir leur prix : *(bis.)*
Tout est soldat pour vous combattre ;
S'ils tombent, nos jeunes héros,

La terre en produit de nouveaux
Contre vous tout prêts à se battre.

Aux armes, citoyens, formez vos bataillons ;
Marchons,
Marchons,
Qu'un sang impur abreuve nos sillons.

Français, en guerriers magnanimes
Portez ou retenez vos coups ;
Epargnez ces tristes victimes
A regret s'armant contre nous : (bis.)
Mais ces despotes sanguinaires,
Mais les complices de Bouillé,
Tous ces tigres qui sans pitié
Déchirent le sein de leurs mères.

Aux armes, citoyens, formez vos bataillons ;
Marchons,
Marchons,
Qu'un sang impur abreuve nos sillons.

Amour sacré de la Patrie,
Conduis, soutiens nos bras vengeurs :
Liberté, liberté chérie,
Combats avec tes défenseurs : (bis.)
Sous nos drapeaux que la victoire
Accoure à tes mâles accens :

Que tes ennemis expirans
Voient ton triomphe et notre gloire.

Aux armes, citoyens, formez vos bataillons ;
Marchons,
Marchons,
Qu'un sang impur abreuve nos sillons.

COUPLET DES ENFANS.

Nous entrerons dans la cartière,
Quand nos ainés n'y seront plus :
Nous y trouverons leur poussière
Et la trace de leurs vertus ;   (bis.)
Bien moins jaloux de leur survivre
Que de partager leur cercueil,
Nous aurons le sublime orgueil
De les venger ou de les suivre.

Aux armes, citoyens, formez vos bataillons ;
Marchez,
Marchez,
Qu'un sang impur abreuve nos sillons.

ROUGET DE LILE.

L'AMOUR ET LE DIABLE.

Air : *In vino veritas.*

On sait que l'amour et le diable
Sont les deux démons d'ici-bas.
Si le second est effroyable,
L'autre a de dangereux appas.
Toujours sur plus d'un cœur profane
Leur art perfide a réussi.
Enfin, si le diable nous damne,
L'amour nous fait damner aussi.

Or, le diable garde en réserve
Contre l'amour secret courroux.
Bien que souvent l'amour le serve,
De l'amour le diable est jaloux.
Un jour cet esprit détestable,
Lançant des regards ennemis,
Veut mettre en enfer l'autre diable
Qui d'abord met en paradis.

Il l'aborde, il semble maudire...
Le diable d'amour, sans retard,
Sait l'étonner par un sourire,
Et l'a vaincu par un regard.

Cédant au pouvoir qui l'accable,
L'esprit fatal est dans les fers ;
Et l'amour emporte le diable :
Il emporterait l'univers.

Mais quand sa victoire est fixée,
L'amour se néglige soudain :
C'est une mauvaise pensée
Que lui souffle l'esprit malin.
Souvent le conquérant sommeille,
Il dort même, et si bien qu'un jour
Il est conquis quand il s'éveille,
Et le diable emporte l'amour.

L'amour, appelant à son aide,
Vainement crie au ravisseur ;
Il était perdu sans remède,
S'il n'eût pas rencontré sa sœur ;
L'Amitié, noble et secourable,
L'enlève au démon effrayé ;
Et l'Amour qu'emportait le diable
Se sauva près de l'Amitié.

LE VIEUX DRAPEAU.

Air: *Elle aime à rire, elle aime à boire.*

De mes vieux compagnons de gloire
je viens de me voir entouré.
Nos souvenirs m'ont enivré ;
Le vin m'a rendu la mémoire.
fier de mes exploits et des leurs,
j'ai mon drapeau dans ma chaumière ;
Quand secoûrai-je la poussière
Qui ternit ses nobles couleurs ?

Il est caché sous l'humble paille
Où je dors pauvre et mutilé,
Lui qui, sûr de vaincre, a volé
Vingt ans de bataille en bataille :
Chargé de lauriers et de fleurs,
Il brillait sur l'Europe entière.
Quand secoûrai-je la poussière
Qui ternit ses nobles couleurs ?

Ce drapeau payait à la France
Tout le sang qu'il nous a coûté.
Sur le sein de la liberté

Nos fils jouaient avec sa lance.
Qu'il prouve encore aux oppresseurs
Combien la gloire est roturière;
Quand secoûrai-je la poussière
Qui ternit ses nobles couleurs?

Son aigle est resté dans la poudre,
Fatigué des lointains exploits.
Rendons-lui le coq des Gaulois,
Il sut aussi lancer la foudre.
La France oubliant ses douleurs
Le rebénira libre et fière.
Quand secoûrai-je la poussière
Qui ternit ses nobles couleurs?

Las d'errer avec la victoire,
Des lois il deviendra l'appui.
Chaque soldat fut, grâce à lui,
Citoyen au bord de la Loire.
Seul, il peut voiler nos malheurs;
Déployons-le sur la frontière
Quand secoûrai-je la poussière
Qui ternit ses nobles couleurs?

Mais il est là près de mes armes;
Un instant osons l'entrevoir.
Viens, mon drapeau, viens, mon espoir;

C'est à toi d'essuyer mes larmes.
D'un guerrier qui verse des pleurs,
Le ciel entendra la prière.
Quand secoûrai-je la poussière.
Qui ternit ses nobles couleurs?

BÉRANGER.

EFFET DE LA LUMIÈRE.

Air: *De l'Apparence et la Vérité.*

Malgré la science profonde
Qu'en nos anciens l'on admira,
On ne sait quand naquit le monde,
On ne sait quand il finira.
Sur cette plage singulière,
Que nous contemplons en tout lieu,
Quand nous recevons la lumière
Nous ne voyons là que du feu.

Lorsqu'à la fille aimable et jolie
D'hymen nous offrons le flambeau,
Si notre flamme est accueillie,
D'abord nous voyons tout en beau.
Qu'on nous marie à l'ingénue,

Soudain l'Amour, ce malin dieu,
D'un bandeau nous couvre la vue :
Nous n'y voyons plus que du feu.

Jusque dans la chambre de Lise
Florimond s'introduit un soir ;
Lise, tremblante et surprise,
Du galant veut tromper l'espoir.
Mais pour mieux tromper la rebelle,
Sans attendre d'elle un aveu,
Florimond souffle la chandelle,
Et Lise n'y voit que du feu.

Dans les astres cherchant à lire,
Quelques-uns de nos grands savans
Ont, à ce que l'on ose dire,
Distingué des êtres vivans.
Dans le soleil s'il est des hommes,
Quoique je m'y connaisse peu,
Je crois que de nos astronomes
Le plus fin n'y voit que du feu.

Dans l'antre doré d'un ministre
Le feu dit-on vient d'être mis :
On y voit brûler maint registre
Où son honneur est compromis.
Le rusé, d'une main hardie,
Tire son épingle du jeu ;

Le prince étouffe l'incendie,
Le peuple n'y voit que du feu.

Le Tout-Puissant qui fit la terre,
Dans le même temps fit aussi
Le paradis pour l'homme austère
Et l'enfer pour les sans-soucis.
Près de lui pour vivre à notre aise,
Amis, mourons en priant Dieu:
S'il nous jetait dans sa fournaise
Nous n'y verrions que du feu.

LE PORTRAIT DE SON VOISIN.

Air: *Trouverez-vous un parlement.*

Mon voisin n'est petit ni grand :
Mon voisin n'est ni gras ni maigre ;
Il n'est ni trop noir ni trop blanc,
Ni trop pesant ni trop allègre ;
Il a l'œil bleu, d'un bleu turquin ;
Le teint blafard, la face ronde ;
Pour la physique mon voisin,
Doit ressembler à bien du monde.

Sans être absolument fripon,
Mon voisin suit la loi commune :
Tout chemin lui semble fort bon,
Pourvu qu'il mène à la fortune :
S'il réussit il trouve égal
Qu'on l'applaudisse ou qu'on le fronde ;
Dès lors mon voisin, au moral,
Doit ressembler à bien du monde.

Mon voisin, de tous les époux,
Est bien l'époux le plus traitable ;
Indifférent, jamais jaloux,
Il admet qui veut à sa table :
Sa femme en rit, plus d'un malin
En rit tour à tour à la ronde...
Aussi, comme époux, mon voisin
Ressemble-t-il à bien du monde.

D'aller au spectacle le soir
Si mon voisin a fantaisie,
Ne croyez pas qu'il aille voir
Alceste, ou Tartuffe, ou Sosie.
Il aime, et préfère surtout
Ces gaîtés où le noir abonde :
Pour l'honneur du goût, mon voisin
Ressemble, hélas ! à trop de monde...

Mon voisin, il en fait l'aveu,
N'est pas un très grand politique:
Il s'informe même assez peu
Comment va la chose publique;
Pourvu qu'il arrive à sa fin,
Dans le sens de tous il abonde:
En politique, mon voisin
Doit ressembler à bien du monde.

L'AMANT SERIN.

Air : *De mon berger volage.*

Serin je voudrais être,
Pour fêter dans mes chants
Les beaux jours que font naître
Thémire et le printemps;
Pour la suivre au bocage,
Voler sur son chemin,
Ou de peur de la cage
Me sauver dans son sein.

Là, je lui sais deux roses
Que j'irais becqueter :
Pour ses lèvres mi-closes

Il faudrait les quitter.
Ne sachant auprès d'elle
Où fixer mon désir,
Chaque vol infidèle
Me vaudrait un plaisir.

Dans ces doux exercices
Je passerais le temps,
Entouré de délices,
Sans prévoir les tourmens;
Puis le soir, avec l'ombre,
J'irais, ivre d'amour,
Conter à la nuit sombre
Tous les plaisirs du jour.

A UNE JEUNE MARIÉE.

Air: *Comme j'aime mon Hippolyte.*

Prêtez l'oreille à ma chanson,
Jeune beauté, soyez discrète;
Un apôtre de grand renom
M'a choisi pour son interprète,
Or, voici sur ce sacrement
Tout l'esprit d'un chef de l'Église:

» Le jour, mari, soyez galant,
» La nuit, femme, soyez soumise. } *bis.*

Ton amant, timide autrefois,
Se contentait d'un doux sourire;
Avant peu, jaloux de ses droits,
Il voudra tout ce qu'il désire,
Mais de ses progrès dans ton cœur,
Tu ne dois pas être inquiète :
Le jour eût blessé ta pudeur,
La nuit cachera ta défaite.

Ton embarras dans ce moment
Me découvre plus d'un mystère :
Tu veux bien suivre ton amant,
Mais tu crains de quitter ta mère ;
Tu vois chacun d'eux, tour-à-tour,
Se disputer la préférence...
Consacre la nuit à l'amour,
Le jour à la reconnaissance.

SI LA FORTUNE ME DONNAIT.

ROMANCE.

Si la fortune me donnait
Tous les biens qu'un mortel désire,
Trésors, grandeurs à mon souhait,

Gloire, pouvoir, et même empire,
Et qu'il fallût le même jour
Renoncer à ma douce amie,
Je dirais : Laisse-moi l'amour ;
C'est là le seul bien de ma vie.

Que me fait la voûte des cieux
Et le soleil qui la colore,
Si leur aspect n'offre à mes yeux
Les traits de celle que j'adore ?
Vallons, bosquet, riant séjour,
Tout est désert sans mon amie ;
Et me priver de mon amour,
Ce serait m'arracher la vie.

Envain, par de froids arguments,
La sagesse, d'un ton sévère,
Me dit qu'avec des cheveux blancs
On ne doit plus prétendre à plaire.
Si l'on ne plaît qu'en son printemps,
On peut aimer toute la vie.
Aimer, c'est vivre, je le sens,
Et j'aimerai toujours Julie.

MARCHE PARISIENNE.
Chant national.

Peuple Français, peuple de braves,
La liberté rouvre ses bras.
On nous disait : Soyez esclaves !
Nous avons dit : Soyons soldats !
Soudain Paris, dans sa mémoire,
A retrouvé son cri de gloire :
    En avant, marchons
    Contre leurs canons,
A travers le fer, le feu des bataillons,
    Courons à la victoire. *(bis.)*

Serrez vos rangs, qu'on se soutienne ;
Marchons. Chaque enfant de Paris,
De sa cartouche citoyenne
Fait une offrande à son pays.
O jour d'éternelle mémoire !
Paris n'a plus qu'un cri de gloire :
    En avant, etc.

La mitraille en vain nous dévore ;
Elle enfante des combattants,

Sous les boulets, voyez éclore
Ces vieux généraux de vingt ans.
O jour d'éternelle mémoire !
Paris n'a plus qu'un cri de gloire :
    En avant, etc.

Pour briser leurs masses profondes,
Qui conduit nos drapeaux sanglants ?
C'est la liberté des deux mondes,
C'est La Fayette en cheveux blancs.
O jour d'éternelle mémoire !
Paris n'a plus qu'un cri de gloire :
    En avant, etc.

Les trois couleurs sont revenues,
Et la colonne, avec fierté,
Fait briller à travers les nues
L'arc-en-ciel de la liberté.
O jour d'éternelle mémoire !
Paris n'a plus qu'un cri de gloire :
    En avant, etc.

Soldats du drapeau tricolore ;
D'Orléans, toi qui l'as porté,
Ton sang se mêlerait encore
A celui qu'il nous a coûté ;
Comme au beau jour de notre histoire,
Tu rediras ce cri de gloire :
    En avant, etc.

Tambours, du convoi de nos frères,
Roulez le funèbre signal :
Et nous, de lauriers populaires,
Chargeons leur cercueil triomphal.
O temple de deuil et de gloire !
Panthéon, reçois leur mémoire !

  Portons-les, marchons,
  Découvrons nos fronts ;   (rons,
Soyez immortels, vous tous que nous pleu-
  Martyrs de la victoire.   (bis.)
      Casimir DELAVIGNE.

AIR DU BRASSEUR,

Chanté par M. Chollet,

Musique d'Adam.

Gentil Brasseur
De mon cœur,
Veux-tu pour la vie
Du bonheur ?
Que la paresse ennemie
Soit bannie,
Et du soir au matin

Répète ce refrain :
Brasse, brasse, brasse,
Que rien ne te lasse,
Brasse, brasse, brasse,
 Gentil Brasseur.
Et la ville entière,
Bientôt sera fière
De ta bonne bière
Et de ton ardeur.

 Si par amour,
 Un beau jour,
 Tu prends une femme
 Faite au tour,
Pour toujours captiver l'âme
 De Madame,
Epoux tendre et galant
Ne sois pas fainéant.
Brasse, brasse, brasse,
Que rien ne te lasse,
Brasse, brasse, brasse,
 Gentil Brasseur.
Et ta ménagère,
Sera bientôt fière
De ta bonne bière
Et de ton ardeur.

LA GOUVERNANTE.

COUPLETS DU DOMINO NOIR.

Il est sur la terre
Un emploi,
Selon moi,
Qui doit plaire,
C'est de tenir la maison
D'un vieux garçon.
C'est là le vrai paradis,
Là nos avis
A l'instant sont suivis ;
Par nos soins dorloté,
Il nous doit la santé ;
Notre force est sa faiblesse,
Et l'on est dame et maîtresse.
Vieille duègne ou tendron,
Si nous voulons
Régner sans cesse,
Pour cent raisons,
Choisissons
La maison
D'un vieux garçon.

La gouvernante
Est son bien,
Son soutien,
Et sa régente.
Il est pour elle indulgent
Et complaisant.
Elle aura chez Monseigneur
Les clefs de tout et même de son cœur.
Fidèle de son vivant,
Il sait, par son testament,
Où brille, c'est la coutume,
Une tendresse posthume.
Vieille duègne
Ou tendron,
Si nous tenons
A notre règne,
Pour cent raisons
Choisissons
La maison
D'un vieux garçon,

LA BELLE INÈS.

RONDE ARAGONAISE DU DOMINO NOIR.

La belle Inès
Fait Flores ;
Elle a des attraits,
Des vertus,
Et bien plus,
Elle a des écus ;
Tous les garçons
Bruns ou blonds,
Lui font les yeux doux ;
Qui de nous
Voulez-vous
Prendre pour époux ?
Est-ce un riche fermier ?
Est-ce un galant muletier ?
Ou bien un alguazil ?
Celui-là vous convient-il ?
Tra, la, la, tra, la, la.
— Non, mon cœur incivil,
Refuse l'alguazil,
Tra, la, la, tra, la, la.

— L'alcade vous plaît-il ?
Tra, la, la, tra, la, la.
Fut-ce un corrégidor,
Je le refuse encor.
— Que voulez-vous
Belle aux yeux doux ?
Répondez, nous vous aimons tous.
Qui de nous
Voulez-vous
Prendre pour époux ?
— L'amoureux
Que je veux
C'est celui qui danse le mieux.
Dès ce moment,
Chaque amant
Se mit promptement
A danser,
Balancer,
Passer,
Repasser,
Et castagnettes en avant,
Chaque prétendant
S'exerçait
Et donnait
Le signal
Du bal.
Le muletier Pedro

Possédait le boléro,
Et l'alcade déjà
Brillait dans la cahucha ;
Tra, la, la, tra, la, la.
— Messieurs, ce n'est pas ça ;
Tra, la, la, tra, la, la,
Et pendant ce temps là,
Tra, la, la, tra, la, la,
Le jeune et beau Joset,
Tra, la, la, tra, la, la,
De loin la regardait ;
Et de travers dansait,
Et de travers dansait,
   Car il l'aimait...
— Belle aux yeux doux,
Ce beau bal nous réunit tous ;
   Qui de nous
   Voulez-vous
  Prendre pour époux ?
  — Le danseur que je veux,
C'est celui, c'est celui qui m'aime le mieux,
  Oui, Joset, je te veux,
Car c'est toi qui m'aime le mieux.

LES POLONAIS.

Allons, Polonais, l'airain tonne!
Le czar vient nous immoler tous;
Entendez-vous! le tocsin sonne.
Aux armes! vite assemblons-nous!
Vite aux armes! (*bis.*) marchons! (*bis.*)
Plus de trève! (*bis.*) courons! (*bis.*)
Sauvons la Pologne asservie,
Vengeons notre belle patrie,
Vengeons, vengeons notre belle **patrie**.

Brisons les fers que la Russie
Nous fait porter depuis quinze ans,
Foulons aux pieds la tyrannie,
Et combattons ses partisans.
    Allons, Polonais, etc.

Montrons aussi les cicatrices
Que nous fit son terrible fouet,
Disons que de ses durs caprices
La Pologne n'est pas le jouet.
    Allons, Polonais, etc.

Phare de notre belle gloire,
Ombre du grand Napoléon,
Viens nous conduire à la victoire,

Viens, fais trembler ce roi félon.
    Allons, Polonais, etc.

Polonais, prenons pour devise;
Mort au tyran ! fraternité,
Humanité, grandeur, franchise,
Espoir, patrie et liberté !
    Allons, Polonais, etc.

LA JEUNE RUSÉE.

Lorsqu'un amant s'en vient vous dire :
En secret pour vous je soupire,   *bis.*
Prenez pitié de mon tourment.
Avec son air tendre et charmant,
Je lui réponds bien poliment :
Assez, cessez de me le dire;
Bien fin sera qui m'attrapera;
Ah ! nous connaissons ces tours-là,
Oui dà, bien fin sera celui qui m'attrapera.

Il feint une sombre tristesse,
Puis il me rappelle sans cesse
Qu'il va mourir de son tourment.
Ah ! voyez-vous comme il ment.
Sans m'attendrir, je dis vraiment :

A d'autres parlez de tendresse.
  Bien fin sera, etc.

Auprès d'une autre il se console,
Car tout homme est léger, frivole,
On le sait depuis long-temps;
Aussi je me ris des amans,
Qui viennent vous dire assurément,
Car il faudrait être une folle.
Bien fin sera qui m'attapera;
Ah! nous connaissons ces tours là,
Oui dà, bien fin sera qui m'attrapera.

AIR DU DOMINO NOIR.

Ah! quelle nuit,
Au moindre bruit
Mon cœur tremble et frémit!
Et le son de mes pas
M'effraie, hélas!
Soudain j'entends
Fusils pesants,
Au loin retentissants....
Et puis qui vive? Holà!
Qui marche là!
Ce sont des soldats un peu gris,
Par un sergent ivre conduits.

Sous un sombre portail soudain je me
 blottis,
Et grace à mon domino noir,
On passe sans m'apercevoir.
 Tandis que moi,
Droite, immobile et mourante d'effroi,
 En mon cœur je priais,
 Et je disais :
O mon Dieu ! Dieu puissant !
Sauve moi de tout accident,
Sauve l'honneur du couvent !

 Ils sont partis,
Je me hasarde, et m'avance, et frémis.
 Mais voilà qu'au détour,
 D'un carrefour
 S'offre à mes yeux
Un inconnu sombre et mystérieux.
 Ah ! je me meurs de peur,
 C'est un voleur !
 Il me demande chapeau bas,
 La faveur de quelques ducats ;
Et moi, d'un air poli, je lui disais bien
 [bas :
Je n'ai rien monsieur le voleur,
 Qu'une croix de peu de valeur !
 Elle était d'or:

Et de mon mieux, je la cachais encor...
Le voleur malgré ça,
S'en empara,
Et pendant ce moment :
O mon Dieu, disais-je en tremblant,
Sauve l'honneur du couvent !

En cet instant,
Passe en chantant un jeune étudiant !
Le voleur à ce bruit
Soudain s'enfuit.
Mon défenseur
Court près de moi.. calmez votre frayeur,
Je ne vous quitte pas,
Prenez mon bras.
— Non, non, monsieur, seule j'irai...
— Non, señora, bon gré, mal gré,
Jusqu'en votre logis, je vous escorterai.
— Non, non, cessez de me presser.
— Il le faut..., je dois vous laisser :
Mais un baiser,
Un seul baiser ! comment le refuser ?
Un baiser... je le veux...
Il en prit deux !
Et pendant ce moment,
O mon Dieu, disais-je en tremblant,
Sauve l'honneur du couvent !

LE BOUQUET.

CHANTÉ PAR Mme J. COLON LEPLUS.

AIR: *de Jenny, du même opéra.*

Jeune Emmy, que tiens-tu là ?
  J'ai des fleurs nouvelles,
Celles que tu vends, oui da,
Ne sont pas les plus belles ;
Les roses de tes traits
    Si frais,
Et l'iris de tes yeux
    Si bleus,
Me plaisent bien mieux
    Qu'elles !
    Ce bouquet
    Si coquet,
C'est lui que mon cœur voudrait *(bis)*.

Si tu veux placer ces fleurs
  Près de ton corsage,
Tu doubleras leur valeur
  Grâce au voisinage ;
De ce discours charmant,

Vraiment !
Mon bon Monsieur je ris,
Et dis :
En fillette bien sage ;
Ce bouquet si joli
Si ma main le place ainsi,
Ce bouquet si joli
C'est pour mon mari.

LA MENDIANTE,

CHANTÉE PAR Mlle NAU, PREMIÈRE CHANTEUSE DE L'ACADÉMIE ROYALE DE MUSIQUE.

Romance du Lac des Fées, grand opéra en 3 actes, musique d'Aubert.

La nuit et l'orage
Ont égaré mes pas,
Et dans ce village
L'on ne me connaît pas.
Je n'ai qu'un seul droit,
Et je le réclame ;
J'ai faim, j'ai bien froid,
Pitié, noble dame !
J'ai faim, j'ai bien froid,
Prenez pitié de moi.
Vous êtes si belle,

Dieu n'a pas fait pour vous,
Une ame cruelle
Avec des yeux si doux.
Je n'ai qu'un seul droit,
Et je le réclame ;
J'ai faim, j'ai bien froid,
Pitié, noble dame !
J'ai faim, j'ai bien froid,
Prenez pitié de moi.

COUPLETS

Chantés par M. Duprez.

Du même opéra.

C'est le sort qui seul te donne
Sceptre d'or et nouveau trône ;
Mais sans or et sans couronne,
Par la beauté tu régnerais encor.

Pouvoir, d'un jour heureux royaume,
Que le hasard a cru soudain,
Tu vas passer comme un fantôme,
Et disparaître dès demain ;
Car sous la pourpre ou sous le chaume,
T'aura suivi, joyeux refrain.
  Oui, le sort,

Ici te donne
Sceptre d'or
Et nouveau trône.
Mais sans couronne,
Par la beauté, tu régnerais encor.
D'avenir
Sombre et sinistre;
Du plaisir,
Joyeux ministre,
Qu'en ce jour,
Au son des sistres!
Folie, amour,
Règnent seuls à ma cour.

O Royauté que les mansardes
Fêtent ainsi que les palais,
Jamais le fer, les hallebardes
N'attristent les doux attraits ;
Car notre reine n'a pour gardes,
Que ses joyeux et gais sujets.
  Oui, le sort, etc.

CHANT NATIONAL,

Chanté par M. Tisserand, dans le rôle du Brigand Schubry.

Musique de M. de Flotow.

Enfants de nos montagnes,
Levez-vous, levez-vous;
Au loin dans les campagnes,
Courez tous, courez tous.
Aux oppresseurs la guerre,
Secours à la misère!
  Me voilà!
  Hurra.
 Levez-vous,
 Courez tous;
Brisez, brisez vos chaînes,
Le sort en est jeté,
Plus de travaux, de peines,
 A nous la liberté!

Cessez d'être victimes
D'un sort vil et cruel.
Quittez vos noirs abîmes
Pour contempler le ciel;
Le ciel, notre espérance,

S'il voit votre vaillance,
L'aidera !
Hurra.
Levez-vous,
Armez-vous ;
Brisez, brisez vos chatnes,
Le sort en est jeté,
Plus de travaux, de peines,
A nous la liberté !

COUPLETS

Chantés par M. Chollet.

Air : *de Cosimo, opéra en 2 actes, musique de Prévost.*

Avec mon Angéla,
J'ai perdu le courage,
Mais, peut-être, déjà
De moi rit la volage
Près de son ravisseur :
Oui, sans doute, elle oublie
Qu'à moi seul pour la vie
Elle promit son cœur.
Mais qui donc peut-il être,
Ce ravisseur, ce traître,

Quelque riche seigneur.
Ah! oui, de la coquette
Il a tourné la tête
A force de splendeur :
Et de sa perfidie,
Moi, du soir au matin,
Je me désole en vain.
Ah! vraiment, c'est folie,
Oublions qui m'oublie,
Et nargue du chagrin,
Vîte un joyeux refrain.
Cosimo, du courage !
Si ta belle est volage,
Un autre, je le gage,
Bientôt te vengera.
Allons, plus de tristesse,
Chantons, rions sans cesse,
Et donnons ma tendresse
A qui me la rendra.

COUPLETS

CHANTÉS PAR MME RIFFAUT.

d'Angéla, du même opéra.

Un jour, chez une pratique,
Je reportais un bonnet,
Et depuis la boutique
Un jeune homme me suivait.
   Que vous êtes jolie !
   Dit-il, tout près de moi,
   Arrêtez, je vous prie.
   Ça me fit trembler d'effroi.
   Alors, je courus plus vite,
   Il se mit à ma poursuite;
     C'était le soir,
     Il faisait noir,
   Bien noir, bien noir.
   J'implorais ma patronne,
   Et sans doute la Madone
   Arrête le séducteur,
   Pour fille sage et fidèle ;
   Convenez-en, mamzelle,
   C'est avoir du malheur.

Le soir après l'ouvrage,
Je m'en allais le lendemain,

Lorsque sur mon passage
Deux hommes noirs s'offrent soudain,
　Murmurant ma prière,
　Hélas! je m'évanouis.
　Quand je revis la lumière
　Mes yeux furent éblouis,
　Je crus, émerveillée,
　Quoique bien éveillée,
　　Dormir encor,
　　Partout de l'or,
　　De l'or, de l'or.
Puis une voix connue,
Me disait toute émue :
Des trésors pour ton cœur ;
Convenez-en, mamzelle,
Pour fille sage et fidèle,
C'est avoir du malheur.

L'HONNEUR D'UN MILITAIRE,

CHANTÉ PAR M. CHOLLET.

Du même opéra.

Pour sauver la vie,
J'aurais tout quitté,
Jusqu'à mon Effie
Rien ne m'aurait coûté.

Pour un militaire,
Le premier bien, c'est l'honneur,
Si tu le peux, mon pauvre frère,
Je peux aussi tout mon bonheur.
Ah ! je désespère,
De sauver tes jours ;
Ciel ! venez à mon secours,
Au prix des miens, sauvez ses jours.

Mon Dieu, je t'implore
Au gré de mon cœur,
Que je puisse encore
Prolonger son erreur.
Pour un militaire, etc.

DEO GRATIAS.

Air : *du Domino noir.*

Nous allons avoir, grâce à Dieu,
Bon souper ainsi que bon feu.
Prudemment j'ai mis en réserve
Les meilleurs vins, les meilleurs plats,
Pour ses élus, le ciel conserve
Les morceaux les plus délicats !
Deo gratias !
Nos maîtres ont soupé très-bien,
Chacun son tour, voici le mien !

Et puis de ma future femme
Contemplant les chastes appas,
Le fidèle amour qui m'enflamme,
En tiers sera dans le repas !
  Deo gratias !

UNE FÉE, UN BON ANGE.

ROMANCE DU DOMINO NOIR.

 Une fée, un bon ange
  Qui partout suit vos pas,
Dont l'amitié jamais ne change,
Que l'on trahit sans qu'il se venge,
Et qui n'attend pas même, hélas !
Un amour qu'on ne lui doit pas !
  Oui, je suis ton bon ange
   Ton conseil, ton gardien,
  Et mon cœur en échange
   De toi n'exige rien,
Qu'un bonheur !.. un seul !.. c'est le tien.

  Vous servant avec zèle.
  Ici bas comme aux cieux,
Sans intérêt je suis fidèle,
Et lorsqu'auprès d'une autre belle,
L'hymen aura comblé vos vœux,

Là-haut je prierai pour vous deux !
   Car je suis ton bon ange,
   Ton conseil, ton gardien,
   Et mon cœur en échange
   De toi, n'exige rien,
Qu'un bonheur !.. un seul !.. c'est le tien !.

CAVATINE DU DOMINO NOIR.

Amour, ô toi ! dont le nom même
   Est ici frappé d'anathème,
Toi, dont souvent j'avais bravé les traits,
   Ma souffrance
   Qui commence
Doit suffire à ta vengeance !
   Pauvre abbesse,
   Ma faiblesse,
Devant ton pouvoir s'abaisse ;
De mon cœur en proie aux regrets,
Ah ! va-t-en, va-t-en pour jamais !
Que mes erreurs soient effacées,
Quand Dieu va recevoir mes vœux,
A lui seul toutes mes pensées...
Oui, je le dois !... je ne le peux !
Amour, ô toi dont le nom même
   Est ici frappé d'anathème,

Toi, dont souvent j'avais bravé les traits,
 Ma souffrance
 Qui commence
Doit suffire à ta vengeance?

LA GOUVERNANTE,

COUPLETS DU DOMINO NOIR.

Il est sur la terre
 Un emploi,
 Selon moi,
 Qui doit plaire,
C'est de tenir la maison
 D'un vieux garçon...
C'est là le vrai paradis,
 Là nos avis
A l'instant sont suivis;
Par nos soins dorloté,
Il nous doit la santé;
Notre force est sa faiblesse,
Et l'on est dame et maîtresse...
Vieille duègne ou tendron,
 Si nous voulons
 Régner sans cesse,
 Pour cent raisons,
 Choisissons

La maison
D'un vieux garçon.
La gouvernante
Est son bien,
Son soutien,
Et sa régente.
Il est pour elle indulgent,
Et complaisant.
Elle aura chez Monseigneur,
Les clefs de tout et même de son cœur.
Fidèle de son vivant,
Il l'est par son testament,
Où brille, c'est la coutume,
Une tendresse posthume.
Vieille duègne,
Ou tendron,
Si nous tenons
A notre règne,
Pour cent raisons
Choisissons
La maison
D'un vieux garçon.

LE CHANT DU COSAQUE.

Viens, mon coursier, noble ami du Cosaque,
Vole au signal des tempêtes du nord.
Prompt au pillage, intrépide à l'attaque,
Prête, sous moi, des ailes à la mort.
L'or n'enrichit ni ton frein, ni ta selle :
Mais attends tout du prix de mes exploits.
Hennis d'orgueil, ô mon coursier fidèle !
Et foule aux pieds les peuples et les rois.

La paix, qui fuit, m'abandonne les guides,
La vieille Europe a perdu ses remparts.
Viens de trésors combler mes mains avides;
Viens reposer dans l'asile des arts.
Retourne boire à la Seine rebelle,
Où, tout sanglant, tu t'es lavé deux fois.
Hennis d'orgueil, ô mon coursier fidèle !
Et foule aux pieds les peuples et les rois.

Comme en un fort, princes, nobles et prêtres,
Tous assiégés par des sujets souffrants,
Nous ont crié : Venez, soyez nos maîtres !
Nous serons serfs pour demeurer tyrans.
J'ai pris ma lance, et tous vont devant elle
Humilier et le sceptre et la croix.

Hennis d'orgueil, ô mon coursier fidèle!
Et foule aux pieds les peuples et les rois.

J'ai d'un géant vu le fantôme immense,
Sur nos bivouacs fixer un œil ardent.
Il s'écriait : Mon règne recommence :
Et de sa hache il montrait l'occident.
Du roi des Huns c'était l'ombre immortelle.
Fils d'Attila, j'obéis à sa voix.
Hennis d'orgueil, ô mon coursier fidèle!
Et foule aux pieds les peuples et les rois.

Tout cet éclat dont l'Europe est si fière,
Tout ce savoir qui ne la défend pas,
S'engloutira dans les flots de poussière
Qu'autour de moi vont soulever tes pas.
Efface, efface en ta course nouvelle,
Temples, palais, mœurs, souvenirs et lois.
Hennis d'orgueil, ô mon coursier fidèle!
Et foule aux pieds les peuples et les rois.

———

LE KLEPTE.

Tu veux devenir ma compagne,
Jeune Albanaise au pied léger !
Eh bien ! suis-moi dans la montagne,
Et viens partager mes dangers. (bis.(

Non jamais tu n'iras esclave,
Orner le harem des Soudans,
Il vaut mieux compagne d'un brave,
Couler des jours indépendans.
 Oui, tu veux, etc.

Ce n'est pas une ardeur vulgaire
Qui sera le prix de ta foi
Au monde entier je fais la guerre;
Je n'aurai d'amour que pour toi.
 Oui, tu veux, etc.

Salue, en partant, ces rivages,
Ces vallons, ce ciel enchanté ;
C'est dans des cités plus sauvages,
Qu'il faut chercher la liberté.
 Oui, tu veux, etc.

MIRE DANS MES YEUX TES YEUX.

Mire dans le puits tes yeux,
Ma belle Jeannette,
Mire dans le puits tes yeux,
Tes jolis yeux bleus,
Tes yeux, ma belle brunette,
Tes yeux, tes jolis yeux bleus.

La nuit se mire sans voiles
Dans son flot limpide et pur;
Mais tout l'azur des étoiles
De tes yeux vaut-il l'azur!
   Mire, etc.

Elle s'y mire, coquette,
Comme à sa glace, ma foi;
Elle rit, fait sa toilette,
Elle ne songe plus à moi. *(bis.)*

Mire dans mes yeux tes yeux,
Ma belle Jeannette,
Mire dans mes yeux les yeux,
Tu les verras mieux,
Tes yeux, ma belle brunette,
Tes yeux, les jolis yeux bleus.

Moi jaloux qu'elle m'oublie,
De dépit je laisse choir
La fleur que j'avais cueillie
Pour elle, adieu le miroir. (*bis.*)

Pour mirer tes jolis yeux,
Ma belle Jeannette,
Le plus beau miroir des cieux
Ne vaut pas mes yeux;
Mes yeux, ma belle brunette,
Mes yeux, mes yeux amoureux.

LE SOUVENIR DE MARIE.

Te souviens-tu Marie,
De notre enfance aux champs,
Des jeux de la prairie?
J'avais alors quinze ans.
La danse sur l'herbette
Amusait nos loisirs;
Le temps que je regrette,
C'est le temps des plaisirs! (*bis.*)

Te souviens-tu de même
De ces accords brûlants,
Lorsque tu me dis : j'aime!
J'avais alors vingt ans;

J'étais vif, toi coquette,
C'étaient là nos beaux jours.
Le temps que je regrette,
C'est le temps des amours. *(bis.)*

Te souviens-tu des guerres
Qui vinrent en ce temps;
Je courus aux bannières,
J'avais passé vingt ans;
Le son de la trompette
Nous faisait tous soldats.
Le temps que je regrette,
C'est le temps des combats. *(bis.)*

Te souviens-tu, ma chère,
De ces nœuds si charmans,
Formés par une mère,
J'avais passé trente ans.
Le bruit de cette fête
Retentit dans mon cœur.
Le temps que je regrette
C'est le temps du bonheur. *(bis.)*

Tandis que je soupire
Tes beaux yeux sont baissés,
Ta bouche craint de dire,
Tes beaux jours sont passés.

En vain ma voix répète
Des regrets superflus ;
Le temps que je regrette
C'est le temps qui n'est plus. *(bis.)*

LA TARTANE.

Entre dans ma tartane,
Jeune Grecque à l'œil noir,
Tu seras ma sultane,
Mon bonheur, mon espoir.
 Nous irons le matin
Ecumer le rivage,
Des pêcheurs négligents
Ramasser le corail,
Puis après enlever
Quelque vierge au passage,
Pour l'offrir en hommage
Au harem du sérail.
  Viens, entre, etc.

 Si parfois dans sa route
Un navire s'égare,
Nous appelle de loin
Implorant du secours,
Tu verras galamment
Comme un turc s'en empare,

Sans jamais écouter
D'inutiles discours.
  Viens, entre, etc.

 Viens enfin contempler
Mon brillant équipage,
Nos turbans de satin,
Nos habits de brocard,
Viens, bel ange d'amour,
Sous tes lois je m'engage,
Le plus riche trésor
Ne vaut pas ton regard.
  Viens, entre, etc.

LA BATAILLE D'AUSTERLITZ.

Un vieux soldat dit un jour à son fils :
  Silence, je commence.
De vingt combats que j'ai vus, mes amis,
  Je ferai les récits :
  Ecoutez la bataille,
  Où j'ai sous la mitraille,
Bravé la mort vingt fois pour mon pays,
  Dans les champs d'Austerlitz.

  La nuit sur le côteau,
Couvrait tout de son voile sombre,

L'homme au petit chapeau
Se reposait sur le plateau ;
Auprès des feux du camp
On l'apercevait comme une ombre,
Napoléon le grand,
Assis, dormait profondément.

Dès le matin il hâte son réveil,
La gloire et la victoire
Lui présageaient dans un heureux sommeil
Un succès sans pareil :
Mais bientôt il ordonne
Que la trompette sonne,
Et la diane au camp donne l'éveil
Bien avant le soleil.

Les Autrichiens là-bas
Russes, Calmouks, Cosaques,
Par des cris, des houras,
Viennent provoquer nos soldats ;
Ils veulent nous charger,
Mais en vain ils font des attaques ;
Qui peut nous ébranler ?
Rien ne nous fera reculer.

Ran pa ta plan, pa ta plan, pa ta plan.
On bat la charge, on charge,

La colonne se met en mouvement,
　　Nous allons en avant,
　　Les clairons qui résonnent
　　Et les canons qui tonnent
Pon pa ta pon, pa ta pon, pa ta pon,
　　Ah! pour nous quel doux son!

　　Voyez les combattans
Couverts de poudre et de fumée;
　　Nos drapeaux triomphans
Criblés, flotter au gré des vents;
　　Remarquez l'empereur
　　A la tête de son armée,
　　Là brille sa valeur,
Il est certain d'être vainqueur.

Voici déjà de nombreux prisonniers
　　Qu'on amène et qu'on traîne,
Des généraux et beaucoup d'officiers
　　Conduits par nos guerriers;
　　Mais un cri se répète :
　　Croisez la bayonnette,
Et dans les rangs ennemis la valeur
　　Fait place à la terreur.

　　De Russes, d'Autrichiens
　　On fait un horrible carnage,

4*

Mes enfans, j'en conviens,
Nous tapions dur, je m'en souviens;
J'étais blessé, souffrant,
Rien n'affaiblissait mon courage,
Je chargeais en marchant,
Ah! je combattais vaillamment.

Alors des Russes on aperçoit soudain
La garde impériale,
Vers la française avancer à grand train,
Disputant le terrain,
Mais notre vieille garde,
Que l'empereur regarde,
Combattait comme un lion déchaîné,
Le Russe est consterné.

Alors doublant d'ardeur,
Dans une aussi sanglante lutte,
Le Français a du cœur,
Il attaquait avec fureur;
Court sur les ennemis,
Il les écrase, il les culbute,
Là vingt drapeaux sont pris.
Combien de lauriers sont cueillis!

Austro-Russes vous êtes terrassés,
En retraite complète,

On vous poursuit sur des étangs glacés ;
Vous êtes enfoncés ;
Sous vous la glace craque,
Autrichien ou Cosaque
Tout disparaît, vous êtes engloutis
Dans les champs d'Austerlitz.

De morts et de mourants
On voyait la terre jonchée,
Mais nous étions contents,
La victoire était dans nos rangs.
Des mains de l'empereur
Ma poitrine fut décorée,
Ce gage de ma valeur,
Tu brilles encor sur mon cœur.

Ici finit le récit du guerrier,
Et ce bon père espère
Qu'un jour ses fils cueilleront maint laurier
Pour orner son foyer.
Vieux soldats de la gloire,
Ah ! vous le pouvez croire,
Tous vos enfans, fiers de suivre vos pas,
Brilleront aux combats.

LES VIOLETTES.

Fleurs qui vous cachez dans les champs,
Parfum des sources solitaires,
Charmantes filles des bruyères,
Renaissez avec le printemps.   (bis.)

Dès que la brise printannière
Fera voltiger mes cheveux,
J'irai glaner dans la clairière
Aux pieds des mélèzes noueux ;
Et, sans vous cueillir, ô mes belles !
Je pencherai mon front sur vous,
En vous admirant, à genoux,
Comme la vierge des chapelles.
  Fleurs, etc.

Chastes fleurs, vous êtes les saintes
Des mystérieuses forêts,
Et les mousses aux brunes teintes
Sont pour vous des cloîtres discrets ;
Les anges boivent la rosée
Dans vos longues coupes d'azur,
Et la source au cristal si pur
De vos larmes est arrosée.
  Fleurs, etc.

Savez-vous pourquoi je vous aime,
Belles récluses, fleurs des cieux?
Vous cachez la grâce elle-même :
Vos amours sont silencieux
Comme vous; mon âme oppressée
Cache un silencieux amour;
Comme vous, elle craint le jour,
Et son parfum c'est la pensée.
  Fleurs, etc.

L'ÉCHO FRANÇAIS.

Écho, que ma voix te réveille!
Réponds à mes chants inédis. — Dis.

Ta complaisance m'émerveille,
Que te chanterai-je surtout? — Tout.

Oui, mais tout n'est pas bon à dire;
Trop parler de jour et de nuit. — Nuit.

De France on bannit la satire;
On met au plus charmant refrain.—Frein.

Le Français de tout aime à rire;
Que sera-t-il toujours, morgué? — Gai.

On nous défend la politique ;
On fait bien, car c'est inouï.   — Oui.

Chez nous la liberté publique
Ne peut régner avec la paix !   — Paix !.

Je voudrais savoir, mon compère,
La cause de notre stupeur.   — Peur.

Si je riais du ministère,
Que serais-je pour mon mépris ? — Pris.

Sur cela, je vais donc me taire ;
Comment trouves-tu mon dessein ?—Sain.

Mais, la liberté doit renaître ;
Sur cela, je n'ai nul souci.   — Si.

Ton si m'a bien l'air d'un peut-être ;
As-tu des doutes sur ce point ?   — Point.

En attendant qu'elle revienne,
Peut-on parler sur nos débats ?   — Bas.

Ton intention est la mienne,
Soyons, sur de pareils discours.—Courts

Parlons la langue épicurienne ;
Partout on l'aime, on la reçoit.   —Soit

La fortune par ses caprices,
Me vexe et me met aux abois.   — Bois.

C'est vrai, Bacchus fait mes délices ;
Mais un buveur qui n'a plus d'or ! — Dort.

Contre cette douce méthode,
Nos pédants livrent des assauts.   — Sots.

Horace est le sage à la mode ;
Qu'aima ce poète divin?   — Vin.

De ses leçons, je m'accommode,
Et dis... au chagrin qu'il brava..   — Va.

Je vais donc mettre en ta sagesse
Ma confiance désormais.   — Mais.

Je veux jouir dans ma jeunesse,
Jouir quand je serai barbon.   — Bon.

Amis, bon vin, fille jolie,
Le monde a-t-il d'autres appas?   — Pas.

Avec eux j'admets la folie ;
C'est là, je crois, vivre en luron.— Rond.

NOEL.

ROMANCE.

Souvenir d'enfance,
O mon beau Noël,
J'aime ta croyance   (bis.)
Qui nous vient du ciel, (bis.)
Noël, Noël, ô mon beau Noël !

Ce jour-là, ma mère,
D'un air de mystère
M'éveillait la nuit.
Puis au sanctuaire
Rempli de lumière
J'entrais à minuit.
   Souvenir, etc.

Et sur les fidèles,
Déployant ses ailes,
Un ange aux yeux bleus,
Avec un sourire :
Demain, semblait dire,
Tu seras heureux.
   Souvenir, etc.

Le matin, ma mère,
Toujours la première,
Au front me baisait,
Et par ses caresses
Tenait les promesses
Que l'ange fesait.
Souvenir d'enfance,
O mon beau Noël !
J'aime la croyance   *(bis)*
Qui nous vient du ciel. *(bis)*
Noël, Noël, ô mon beau Noël !

LA PROVENCE.

Air : *de la Bretagne.*

Francs habitans de la Provence,
Du plaisir aimable séjour,
Dans une vive pétulance,
Vous fêtez Bacchus et l'Amour.

Qu'on est heureux dans vos prairies
Emaillées de mille fleurs,
Où vos fillettes si jolies
Brillent de si belles couleurs.
    Francs habitants, etc.

Dansez gaiment la farandole,
Au son du joyeux tambourin,
Que d'un pied léger saute et vole,
Jeune fille au regard malin.
 Francs habitants, etc.

Sous un ciel pur et sans nuage,
Où tout inspire un doux désir,
Filette à la fois folle et sage,
Rit, chante et voilà son plaisir.

Francs habitants de la Provence,
Du plaisir aimable séjour,
Dans une vive pétulance
Vous fêtez Bacchus et l'amour.

FIN.

TABLE.

La Vivandière.	page 3
La grand'mère.	6
Musique et bon vin.	9
Complainte de Zampa.	10
Petite fleur des bois.	11
La belle provençale.	13
Mathilde.	14
L'Ange et l'Enfant.	16
Ballade de Robert le Diable.	18
Le Chalet.	19
La mère aveugle.	21
Marengo.	23
Le Culte du Buveur.	24
Le Farceur.	26
A mon Cigarre.	28
L'Orange.	30
La Marseillaise.	32
L'Amour et le Diable.	36
Le vieux Drapeau.	38
Effet de la Lumière.	40
Le Portrait de son voisin.	42
L'Amant serin.	43
A une jeune mariée.	45
Si la fortune me donnait.	46
Marche parisienne.	48
Air du Brasseur.	50
La Gouvernante.	52
La belle Inès.	54

Les Polonais.
La jeune rusée.
Air du Domino noir.
Le Bouquet.
La Mendiante.
Couplets chantés par M. Duprez.
Chant national.
Couplets chantés par M. Chollet.
Couplets chantés par M. Riffaut.
L'honneur d'un militaire.
Deo gratias.
Une fée, un bon Ange.
Cavatine du Domino noir.
La Gouvernante.
Le Chant du Cosaque.
Le Klepte.
Mire dans mes yeux tes yeux.
Le souvenir de Marie.
La Tartane.
La bataille d'Austerlitz.
Les Violettes.
L'Écho français.
Noël.
La Provence.

FIN DE LA TABLE.

Carpentras, L. Devillario, imprim.-lib.

www.ingramcontent.com/pod-product-compliance
Lightning Source LLC
LaVergne TN
LVHW050626090426
835512LV00007B/690